슬픔으로 허기를 달래다

2023

슬픔으로 허기를 달래다

김재석

사이재

시인의 말

슬픔에 관한 시집인
『슬픔이 나에게 베팅하다』,
『슬픔을 밝히다』,
『똑소리나는 슬픔과 딱 부러지는 슬픔이 마주치면』을
세상에 내던졌다

앞서
세상에 내던진 시집들을
독자들이 펼쳐볼 새도 없이
곧바로
『슬픔으로 허기를 달래다』를
또 세상에 내던진다

내가
지나치다

2023년 여름
일속산방(一粟山房)에서
작시치(作詩痴) 김재석

차례

슬픔으로 허기를 달래다

시인의 말

1부

자화상 11
슬픔도 양심이 있다 13
나를 과소평가한 슬픔이 있다 14
나를 과대평가한 슬픔이 있다 16
슬픔으로 허기를 달래다 18
슬픔에 대하여 20
나를 눈독들이는 슬픔이 있다 22
나의 슬픔이 무르익다 24
잘 포장된 슬픔 26
슬픔이 허세를 부리다 28
슬픔이 당돌하다 30
슬픔이 건방지다 32
슬픔에 대하여 34
두루뭉술한 슬픔이 있다 36
슬픔에 대하여 38
실속을 차리는 슬픔이 있다 40
슬픔이 얄팍하다 42

2부

밤비 47
무지개 48
윤슬 50
윤슬 52
윤슬 54
소리방울 56
겨울밤비 59

3부

뻐꾹새 울음소리 65
뻐꾹새와 찔레꽃 67
뻐꾹새 68
뻐꾹새와 감꽃 69
찔레꽃 70
찔레꽃에 빠지다 72
찔레꽃 향기가 강물에 빠지다 74
찔레꽃을 풀어먹다 76
찔레꽃과 나 80
찔레꽃과 나 80
소쩍새 울음소리 82
뻐꾹새 울음소리가 강물에 떨어지기도 한다 84
뻐꾹새 울음소리 86
들길에서 88
뻐꾹새 울음소리 90

뻐꾹새 울음소리와 찔레꽃 향기 91
개구리 울음소리 92
저 새가 누구인지 말할 수 있는 자는 누구인가 94
소쩍새와 뻐꾹새 96

4부

큰 꽃들이 물러난 자리에 99
작은 꽃들이 물러난 자리에 100
나무들 102
이팝나무는 쿠쿠압력밥솥이다 104
찔레꽃과 밤꽃 106
찔레꽃과 밤꽃이 시기를 달리하여 얼굴 내미는 이유는 107
삐비꽃 108
삐비꽃 110
등꽃과 칡꽃 111
싸리꽃 112
달맞이꽃 114
낮달맞이꽃 115
금계국 116
개망초 118
밤꽃 120
뻐꾹새와 밤꽃 122
백장미 124
수국 125
삐비 126

1부

자화상

고희의 강을 눈 앞에 두고도
나를
졸속으로 처리한
나를 어떡하지

이따금
나에게 토를 다는
나를
어떡하지

이따금
나에게 배은망덕한 짓을 하는
나를 어떡하지

여기
저기
거기서
내가
맨날 깨지고 다녀도
아무런 조치를 취하지 않는
나를 어떡하지

고희의 강을 눈 앞에 두고도
나를
날림으로 처리한
나를 어떡하지

슬픔도 양심이 있다

한때
슬픔이 내 앞에서 기웃거리면
슬픔에게
뜨끔한 맛을 보여줄 생각을 했지만
지금은 내버려둔다

슬픔도
양심이 있다

나를 과소평가한 슬픔이 있다

나를 과소평가하였다가
자책하고 돌아간 슬픔이 있다

눈에 보이는 게 전부가 아니거늘
왜소하다고
내게 함부로 하기에
정색을 하였다

정색을 하되
슬픔의
반감을 사지 않도록
너그럽게 대했다

슬픔의 반감을 사면
더 큰 슬픔을 대동하고 나타날 수 있는데
다시 나를 찾더라도
내게 함부로 하지 않을 것이다

정색을 하고
좋은 말로 타이르니
슬픔이 멋쩍은 표정을 짓다가

뒤돌아서서 가는데
측은해 보였다

내가 좀 세게 나갔으면
슬픔이 줄행랑을 쳤겠지만
그것이 반드시 좋은 방법이 아니라는 걸
다양한 슬픔으로부터 배웠다

나를 과소평가하였다가
자책하고 돌아간 슬픔이 있다

나를 과대평가한 슬픔이 있다

괜찮은 슬픔이
나를 과대평가하여
나를 가까이하지 않으니
고민이다

괜찮은 정도가 아니라
손색이 없기에
그야말로 놓치고 싶지 않은데
나에게 전혀 관심이 없다

뭔가
좀 빈틈을 보여야 하는데
좀처럼
내가 빈틈을 보이지 않은 게 잘못이다

나도 찾아보면 빈틈이 있는데
괜찮은 슬픔이
나를 과대평가하여
빈틈을 찾을 생각을 하지 않은 것이다

내가 내게도 빈틈이 있다고

떠들고 다닐 수 없는 건
형편없는 슬픔들이 나를 과소평가하여
나를 눈독들이면 더 큰 문제여서다

괜찮은 슬픔이
나를 과대평가하여
나를 가까이하지 않으니
고민이다

슬픔으로 허기를 달래다

머지않아
고희의 강을 건널 내가
여전히
영혼의 허기를 슬픔으로 달래고 있다

누구도
내 말을 믿지 않을 것이기에
털어놀 필요가 없다

비밀 아닌
비밀이다

내가 독차지하고 싶은
반반한 슬픔
걸출한 슬픔

만약 털어놓으면
슬픔다운
슬픔은 남아돌아가지 않을 것이다

슬픔에 치여

다 죽어가는 것으로
다들 나를 오독하다니……

머지않아
고희의 강을 건널 내가
여전히
영혼의 허기를 슬픔으로 면하고 있다

슬픔에 대하여

내노라하는 슬픔은 가까이하고
맛이 간 슬픔은 거리를 둘 생각인데
그게 마음대로 되는 일인가

내노라하는 슬픔은
달리 말하면
걸출한 슬픔인데
걸출한 슬픔 중엔
반반한 슬픔,
당당한 슬픔이 있는데
그런 슬픔이 아무에게나 주어지나

반반한,
당당한은 말은 멋져보여도
그 슬픔이
뭔가를 크게 안겨주고
뭔가를 크게 앗아가는데
뭔가가 뭔지 알 수가 없으니

맛이 간 슬픔이
나에게 안겨주는 게

별 볼 일 없는 것이어도
내게서 앗아가는 것 역시
별 볼 일 없는 것인데
별 볼 일 없는 게
뭔지 알 수가 없으니

내노라하는 슬픔은 가까이하고
맛이 간 슬픔은 거리를 두려는 생각이
건전한 생각인가,
근데

나를 눈독들이는 슬픔이 있다

나를 눈독들이는 슬픔이 있다

뭘 보고
나를 눈독들이는지 알 수가 없다

돈이 있는 것도 아니고
권력이 있는 것도 아니고
몸이 잘빠진 것도 아닌 나를
눈독들이다니

나도
내가 누구인지 모르는데
저 슬픔이 나에 대하여
뭘 얼마나 알고
나를 눈독들이는가

자기비하로 일관하는
파락호 못지않은 나에게서
얻을 게 뭐가 있다고

슬픔이

나를 눈독들이는 건
나도 모르는
뭔가가
나에게 있는 건가

나도 모르는
뭔가가
나에게 있다면
그건 뭘까

나를 눈독들이는 슬픔이 있다

나의 슬픔이 무르익다

무르익은
풍성한
나의 슬픔을 따먹어도 될 때가 됐다

누군가는
나의 슬픔을 따먹고
아무 탈이 없겠지만……

누군가는
나의 슬픔을 따먹고
탈이 날 수도 있다

겁주는 게 아니라
무릉도원이 내게 베푼 혜택을
받아드리지 못하기에
뱉는 말이다

나의 슬픔, 나의 슬픔을
만만하게 본
누군가에게
나의 슬픔이 알레르기를 유발할 수 있다

나의 슬픔을 따먹었다가
알레르기,
알레르기가 생기면
나는 책임질 수가 없다

알레르기,
알레르기를 피할 자신이 있으면
나의 슬픔,
나의 슬픔을 마음껏 따먹어라

누군가가 따먹은 나의 슬픔이
누군가에게
기쁨이 돼도
유감으로 여기지 않겠다

이미 덜 익은
나의 슬픔을 따먹고
고소해 하는 이들도 있다

무르익은
풍성한
나의 슬픔을 따먹어도 될 때가 됐다,
좌우지간

잘 포장된 슬픔

'잘 포장된 슬픔'이란 말이 나의 뇌리를 스친다

인터넷 검색창에
'잘 포장된 슬픔'이라 쓰고
엔터키를 때린다

'잘 포장된 슬픔'이란 글씨가
얼굴 내밀지 않는다,
다행히

황현산의 『잘 표현된 불행』이
내 머릿속에 똬리 틀고 있다가
변신한 것인가

'잘 포장된 슬픔'이라고
백지에 쓴다

첫줄은
'나는 나의 슬픔을 포장하고 싶지 않다'이다

다음 줄을 위하여

잠시 생각에 잠긴다

생각을 바꿔
시조로 접근한다

잘 포장된 슬픔

잘 포장된 슬픔이 대박을 치고 있다

나는 나의 슬픔을 포장하고 싶지 않다

민낯인
슬픔이어야
진실 된 슬픔이다

나의 뇌리를 스친
'잘 포장된 슬픔'이란 말이
뜬금없는 시조를 낳았다,
단숨에

슬픔이 허세를 부리다

내 앞에서
허세를 부리는 슬픔이 있다

자존심,
자존심은 있어 가지고

자존심,
자존심이
밥 먹여 주지 않는다는 걸
알고도 그럴 수 있다

자존심과 상관없이
자신의 허세에
내가 넘어가리라 생각하고
그러는가

허세,
허세가
먹혀들어 갈 때가 있다는 걸
내가 모르는 바가 아니다

내 앞에서
허세를 부리는 슬픔이 있다

슬픔이 당돌하다

슬픔이 당돌하다

오랜만에
나를 찾은 슬픔이
당돌하니
잠시 내가 당황할 수밖에

슬픔이
내 앞에서 징징거리는 것보다
당돌한 게
더 낫다고 해야 하나

당돌한 건
저돌적인 것과 다르고
당돌한 건
당당한 것과 또 다르다

오랜만에
나를 찾은
당돌한 슬픔을
어떻게 맞이해야 하나

슬픔이
내 앞에서
의기소침하지 않고
당돌한 건 작전인데
눈치채지 못한 척해야 한다

슬픔이 당돌하다

슬픔이 건방지다

살다보면
별별 슬픔을 다 만나는데
별별 슬픔 중에
별놈의 슬픔도 끼여 있다

별놈의 슬픔도 가지가지인데
내 앞에서
건방지게 구는 슬픔은
별놈의 슬픔에 속한다

나 같은 건 안중에 두지도 않는
건방진 슬픔이
한편으론 고맙고
한편으로 자존심이 상하는 건 또
뭔 이유인가

뭔 이유는
슬픔마저 나를 멀리하면
잠시라도 나와 함께할 이가
아무도 없어서이다

슬픔이 나에게 꽂혀도 문제고
슬픔이 나에게 건방지게 굴어도 문제고
슬픔이 나에게 편하게 굴어도 문제다

문제,
문제가 아닌
슬픔은 단 하나도 없다

살다보면
별별 슬픔을 다 만나는데
별별 슬픔 중에
별놈의 슬픔도 섞여 있다

슬픔에 대하여

나와 교류한
수많은 슬픔 중에
말을 부드럽게 하는 슬픔이 있는가 하면
말을 거칠게 하는 슬픔이 있다

말을 부드럽게 하는 슬픔이
선하고
말을 거칠게 하는 슬픔이
선하지 않은 것은 아니다는 걸
나만 알고 있는 게 아니다

말을 부드럽게 하는 슬픔이
호감을 사고
말을 거칠게 하는 슬픔이
호감을 사지 못하는 게 현실이다

문제는
말을 부드럽게 하는 슬픔이
나의 뒤통수를 치는 경우가
말을 거칠게 하는 슬픔이
나의 뒤통수를 치는 경우보다 더 많아

말을 부드럽게 하는 슬픔이
나의 경계의 대상이 되고 있다

나 아닌 타인들은
말을 부드럽게 하는 슬픔과
말을 거칠게 하는 슬픔에 대하여
어떻게 생각하며
어떻게 대처하는지 궁금하다

나와 교류한
수많은 슬픔 중에
말을 부드럽게 하는 슬픔이 있는가 하면
말을 거칠게 하는 슬픔이 있다

두루뭉술한 슬픔이 있다

두루뭉술한 슬픔을 만나는 게
쉽지 않은데
운이 좋게
두루뭉술한 슬픔을 만났다

두루뭉술한 슬픔이 나에게 안겨준 게
한두 가지가 아닌데 그중에
두루뭉술한 슬픔이
나로 하여금
두루뭉술하게 살아야 한다는
생각을 가지게 했다

두루뭉술하면
약삭빠르다는
비겁하다는 오해를 살 수도 있기에
무턱대고
두루뭉술한 게 아니고
시중에 따르기로 했다

두루뭉술한 슬픔이
처음부터 두루뭉술한 게 아니고

한때 모났다는 걸 알았을 때는
무릎을 쳤다

두루뭉술한 슬픔을 만나는 게
쉽지 않은데
운이 좋게
두루뭉술한 슬픔을 만났다

슬픔에 대하여

1

슬픔,
슬픔이 쾌재(快哉)를 부르면
누군가는 피눈물을 흘린다

슬픔,
슬픔이 쾌재(快哉)를 부를
기회를 주어서는 안 된다

슬픔,
슬픔이 통쾌해 하면
누군가는 마음의 상처를 입는다

슬픔,
슬픔이 통쾌해 할
기회를 주어서는 안 된다

2

슬픔이 쾌재를 부르도록

관리를 소홀히 하다니,
나를

슬픔이 통쾌해 하도록
관리를 소홀히 하다니,
나를

실속을 차리는 슬픔이 있다

실속이란
실속은 다 차리는
누구도 안중에 두지 않는
슬픔을 보았다

커브 아닌
직구로 말하면
따뜻하고 배부른 자리는
다 차지하고
시치미를 떼는 슬픔을 보았다

빙어 뱃속처럼
다 보이는데
다 보고도
다들 입을 봉할 뿐인데

투루만 쇼처럼
다들 지켜보고 있는데
누가
선수치고 싶지 않아서
선수치지 않은 게 아닌데

실속이란
실속은 다 차리는
누구도 안중에 두지 않는
슬픔을 보았다

슬픔이 얄팍하다

슬픔이 얄팍하다

슬픔이
자신에 대한
나의 생각을 읽으면
인상을 구길 것이다

슬픔이
인상을 구기지 않는 걸 보면
자신에 대한
나의 생각을 읽지 못한 것이다

나의 생각을 읽지 못한 게 아니라
나의 생각을 읽고도
모른 체할 수도 있다

얄팍하다고 해서
모른 체하는 게
약이다는 걸 모르라는 법이 없다

내 눈에

슬픔이 얄팍해 보여도
슬픔이 얄팍하지 않을 수 있다,
실제론

2부

밤비

샤
샤
샤

나는
우국열차의 침대칸에서
눈을 감은 채
밤의 터널을 지나고 있다

몸은 젖지 않아도
마음은
이미 젖은 채
밤의 터널을 지나고 있다

샤
샤
샤

무지개
- 호랑이를 위하여

아나,
빨강

아나,
주황

아나,
노랑

아나,
초록

아나,
파랑

아나,
남색

아나,
보라

보이지 않는 손이
순식간에
하나씩 던져 주고 나니
네가 태어나야

윤슬
- 두물머리

강물과 강물이 몸을 섞은 지
얼마되지도 않았는데
햇빛이 찾아와
단단히 재미를 보고 있다

질투, 질투를 할 데가 없어
잔물결과 햇빛이 함께하여
보석을 낳은 걸 다
질투한다고
나를 오독할까 무섭다

물방울 하나와
또다른 하나가 만나면
두 방울이 아니라
한 방울인 걸 잠시 망각하다니

강물과 강물이 만나
몸을 섞으면
두 강물이 아니라
역시 한 강물인 걸

강물과 강물이 몸을 섞은 지
얼마되지도 않았는데
햇빛이 찾아와
단단히 재미를 보고 있다,
좌우지간

윤슬
 - 고성골방죽

햇빛이 어루만져도
물결이
크게 반응을 보이지 않으니
재미가 없을 것 같아도
그렇지 않다

세속을 향하여 줄달음친
고성사의 법문과
우두봉의 대변인인 돌샘의 말이
혼연일체(渾然一體)가 된 물결과
햇빛이 함께하여 태어난
보석이
보통의 보석이겠는가

물결이
크게 반응을 보이지 않은 건
순전히
체질, 체질 때문인 것을

내색, 내색을 하지 않을 뿐
먼 걸음을 햇빛과 함께하여

보석을 낳으니
이보다 좋을 수가 없다

햇빛이 어루만져도
물결이
크게 반응을 보이지 않으니
재미를 못 볼 것 같아도
그렇지 않다

윤슬
  - 무논

햇빛, 햇빛은
등급을 구분하기 어려우나
잔물결, 잔물결은
등급을 구분하기 쉬워야

햇빛과 잔물결이 함께하여
태어난
보석의 등급을
매기기 쉽지 않은 걸

무논, 무논이 상처 입을 말을
뱉어서도 안 되지만
태어난 보석이
그리 만만치 않기에

봐라 봐,
무논에
햇빛과 잔물결이 함께하여
태어난 보석을

햇빛, 햇빛은

등급을 구분하기 어려우나
잔물결, 잔물결은
등급을 구분하기 쉬워야

소리방울

똑
똑
똑

대야에 담긴
물의 문을
수도꼭지의
물방울이 두드리자
소리방울이 태어났다 사라진다

소리방울이
똑소리를 내며
사라진다

똑
똑
똑

태어났다
똑소리를 내며
금방 사라지는

소리방울은
살아봤다고 할 수 있나
살아봤다고 할 수 없나

똑
똑
똑

빈 대야에
물이 담겨
물방울이
물의 문을 두드려
소리방울이
똑소리를 내며
태어났다 사라지기를
반복하기까지
사연이 많다

똑
똑
똑

물방울,
물방울은
얼어붙지 않기 위하여
소리방울로 잠시 태어난다

똑
똑
똑

대야에 담긴
물의 문을
수도꼭지의
물방울이 두드리자
소리방울이 태어났다 사라지는데
소리방울이
어디로 사라졌는지
궁금하다

겨울밤비
  - 모든 것은 해석이다(니체)

겨울비로도 만족 못 하고
밤비로도 만족 못 하고
겨울밤비라 했다

겨울밤비
띄어쓰기를 무시했다

야반도주하듯
비가 내린다

베란다 밖 저만치
가로등 불빛이 아니었더라면
야반도주하듯
비가 내리는 걸
눈치채지 못했을 것이다

한밤중
내 귓속으로 허겁지겁 뛰어드는
빗소리

'이치에 맞는 착란',

'감각의 전이'를
가슴에 새긴 지 오래됐는데
제대로 되고 있는지
모르겠다

막연하니
야반도주하듯이라 하지 않고
채권자에게 쫓기듯이라 하면
더 나을라나

채권자에게 쫓기듯
비가 내린다
채권자에게 쫓기듯
비가 내린다가 아니라
빌린 돈을 갚듯
비가 내린다는 어떨까

빌린 돈을 갚듯
비가 내린다

이자까지 쳐서

이자까지 쳐서

시가 제대로 되려면
아직
멀었다

ns

뻐꾹새 울음소리
 - 5월

뻐꾹 뻐꾹 뻐꾹 뻐꾹 뻐꾹 뻐꾹

뻐꾹새가 쏘아올린 뻐꾹탄이
터지지 않게
찔레꽃이 잘 받아낸다

뻐꾹 뻐꾹 뻐꾹 뻐꾹 뻐꾹 뻐꾹

뻐꾹새가 쏘아올린 뻐꾹탄이
터지지 않게
구슬나무꽃이 잘 받아낸다

뻐꾹 뻐꾹 뻐꾹 뻐꾹 뻐꾹 뻐꾹

뻐꾹새가 쏘아올린 뻐꾹탄이
터지지 않게
감꽃이 잘 받아내지만
더러는 힘이 딸려
뻐꾹탄을 가슴에 안고 떨어진다

뻐꾹 뻐꾹 뻐꾹 뻐꾹 뻐꾹 뻐꾹

뻐꾹새가 쏘아올린 뻐꾹탄이
터지지 않게
금계국이 잘 받아낸다

뻐꾹 뻐꾹 뻐꾹 뻐꾹 뻐꾹 뻐꾹

작시치인 나는
뻐꾹새가 쏘아올린 뻐꾹탄에 대하여
시를 쓴다

뻐꾹새와 찔레꽃

뻐꾹새, 뻐꾹새가
먼저
첫 울음소리를 터트렸더라

찔레꽃, 찔레꽃이
먼저
얼굴을 내밀었더라

뻐꾹새, 뻐꾹새가
먼저
첫 울음소리를 터트린 것 같은데

찔레꽃, 찔레꽃이
뻐꾹새 울음소리를 기점삼아
얼굴 내민 것 같은데

뻐꾹새, 뻐꾹새가
먼저 첫 울음소리를 터트렸던
찔레꽃, 찔레꽃이
먼저 얼굴을 내밀었던
뻐꾹새와 찔레꽃은
보통 사이가 아닌 것을

뻐꾹새

뻐꾹 뻐꾹 뻐꾹 뻐꾹 뻐꾹 뻐꾹

모든 게 작전이다

뻐꾹 뻐꾹 뻐꾹 뻐꾹 뻐꾹 뻐꾹

탁란,
탁란,
탁란,
탁란

뻐꾹 뻐꾹 뻐꾹 뻐꾹 뻐꾹 뻐꾹

뻐꾹새,
뻐꾹새는
철면피, 철면피와 가까이 지낸다

뻐꾹 뻐꾹 뻐꾹 뻐꾹 뻐꾹 뻐꾹

모든 게 전략이다

뻐꾹새와 감꽃

뻐꾹 뻐꾹 뻐꾹 뻐꾹 뻐꾹 뻐꾹

뻐꾹새와 감꽃은 인연이 깊다

뻐꾹 뻐꾹 뻐꾹 뻐꾹 뻐꾹 뻐꾹

뻐꾹새 울음소리를 기점삼아
얼굴 내민다

뻐꾹 뻐꾹 뻐꾹 뻐꾹 뻐꾹 뻐꾹

뻐꾹새 울음소리를 들으려고
고개 돌리다가
떨어지기도 한다

뻐꾹 뻐꾹 뻐꾹 뻐꾹 뻐꾹 뻐꾹

해와 달, 별빛만 챙기는 게 아니라
뻐꾹새 울음소리도 챙긴다

뻐꾹 뻐꾹 뻐꾹 뻐꾹 뻐꾹 뻐꾹

뻐꾹새와 감꽃은 사연이 많다

찔레꽃
  - 호안둑

대단하다

강 건너 금사봉이
코를 킁킁거리는 데는
다 이유가 있다

찔레꽃 향기가
강을 건너
금사봉에 이른 것이다

강 건너
찔레꽃 향기에
금사봉이
코를 킁킁거리는 게 아니다

찔레꽃 향기는
강을 건너지 않은 것보다
강을 건넌 것을
더 친다

비파산이

코를 킁킁거리는 건
강 건너 찔레꽃 향기가
강을 건너
비파산에 이르렀기 때문이다

찔레꽃 향기, 찔레꽃 향기도
목숨을 걸고
강을 건너고 싶어한다

찔레꽃 향기가
강을 건너다
부딪치면 끝이기에
서로 피해갈 것이다

둘 다
그냥
대단하단 말로는 부족하다

찔레꽃에 빠지다

뻐꾹 뻐꾹 뻐꾹 뻐꾹 뻐꾹 뻐꾹

찔레꽃에 빠져
코를 킁킁거리는데
먼 산에
뻐꾹새 울음소리

뻐꾹 뻐꾹 뻐꾹 뻐꾹 뻐꾹 뻐꾹

나보다
찔레꽃에 빠지더라도
정신을 잃지 마라는
경고인가

뻐꾹 뻐꾹 뻐꾹 뻐꾹 뻐꾹 뻐꾹

내 생각은
찔레꽃에 빠져
정신을 잃으면 잃을수록
좋을 것 같은데……

뻐꾹 뻐꾹 뻐꾹 뻐꾹 뻐꾹 뻐꾹

찔레꽃에 꽂혀
코를 킁킁거리는데
먼산에
뻐꾹새 울음소리

찔레꽃 향기가 강물에 빠지다
- 호안둑

강을 건너는
찔레꽃 향기가
다 강을 건너는 건 아니다

찔레꽃 향기의 일부는
강을 건너지 못하고
강물에 휩쓸려 간다

강물이,
강물이
찔레꽃 향기에 꽂히지 말란 법이 없다

강물이,
강물이
찔레꽃 향기에 꽂혀
찔레꽃 향기를 붙든 것이다

찔레꽃 향기,
찔레꽃 향기가
강물에 꽂혀 뛰어들었을 수도 있다

찔레꽃 향기,
찔레꽃 향기가
강을 무사히 건넜다는 말은
언어도단일 수도 있다

강을 건너는
찔레꽃 향기가
다 강을 건너는 건 아니다

찔레꽃을 풀어먹다

찔레꽃,
찔레꽃을 시로 풀어먹으려고
머리를 감싼 적이 한두 번이 아니다

머리를 감싸는 정도가 아니라
찔레꽃을 시로 풀어먹으려고
자나깨나 앉으나 서나
찔레꽃 생각만 하고 있다

찔레꽃,
찔레꽃은 내가
자신을 시로 풀어먹으려고
궁리에
궁리를 거듭하는 걸 알지 못할 것이다

찔레꽃과 뻐꾹새,
찔레꽃과 밤꽃,
찔레꽃과 나라는
제목이 나의 뇌리를 때린다

찔레꽃,

찔레꽃을 시로 풀어먹는데
한두 편 가지고 양이 차지 않는다

찔레꽃,
찔레꽃을 시로 풀어먹으려고
머리를 감싼 적이 한두 번이 아니다

찔레꽃과 나

'찔레꽃과 나'라고
제목을 써놓고
어떻게 시작할까로 고민이 깊다

나는
찔레꽃을 풀어먹으려고
안간힘을 쓰는데
찔레꽃은 나에게
아무런 관심을 가지지 않는다라고
쓴다

찔레꽃이
나에게
아무런 관심을 가지지 않는 게 아니라
관심을 가지지 않는 척하는지도 모른다라고
쓴다

찔레꽃도
나 못지않게
나를 풀어먹을 수 있지만
티를 내지 않을 뿐이다라고

쓴다

내가 지금 쓰고 있는 시가
감각의 전이이고
이치에 맞는 착란인가 생각해 보니
긴가민가하다

'찔레꽃과 나'라는
제목의 시를
어떻게 끝낼까로 고민이 깊다

찔레꽃과 나

찔레꽃은
자태만으로
나의 마음을 샀는데

나는
무얼로
찔레꽃의 마음을 살까

찔레꽃,
찔레꽃을 예찬하는 시를 써
찔레꽃의 마음을 사고 싶은데
찔레꽃이 시를 모르니

찔레꽃,
찔레꽃의 마음을 살 수 있을 정도로
나의 외모는 출중한가

나는
내면은 자신이 있어도
외모는 자신이 없는 걸

더더욱
찔레꽃,
찔레꽃은
나보다
뻐꾹새 울음소리에 빠져 있는데

소쩍새 울음소리

소쩍 소쩍 소쩍 소쩍 소쩍 소쩍

한밤중에 일방적이다

소쩍 소쩍 소쩍 소쩍 소쩍 소쩍

한쪽에서만
소쩍탄을 쏘아올린다

소쩍 소쩍 소쩍 소쩍 소쩍 소쩍

소쩍탄을 쏘아올리는 소리만 나고
소쩍탄이 날아가는 모습도 보이지 않고
소쩍탄이 떨어져 폭발하는 소리도 들리지 않는다

소쩍 소쩍 소쩍 소쩍 소쩍 소쩍

어디에서도 반격하는 소리가 들리지 않는다

소쩍 소쩍 소쩍 소쩍 소쩍 소쩍

저 정도로 소쩍탄을 날리면
먼 곳 어디인가는 이미 작살이 나고
그곳에 사는 이들은 피난을 가거나
폭사해야 맞다

소쩍 소쩍 소쩍 소쩍 소쩍 소쩍

한밤중에 일방적이다,
그야말로

뻐꾹새 울음소리가 강물에 떨어지기도 한다

뻐꾹 뻐꾹 뻐꾹 뻐꾹 뻐꾹 뻐꾹

뻐꾹새,
뻐꾹새가 쏘아올린
뻐꾹탄인
뻐꾹새 울음소리가 강물에 떨어지기도 한다

뻐꾹 뻐꾹 뻐꾹 뻐꾹 뻐꾹 뻐꾹

뻐꾹탄인
뻐꾹새 울음소리가
목표 지점에 떨어지기도 하지만
목표 지점에 도달하지 못하기도 한다

뻐꾹 뻐꾹 뻐꾹 뻐꾹 뻐꾹 뻐꾹

목표 지점에 도달하지 못하는
뻐꾹탄의 일부가
강물에 떨어지기도 하는데
강물에 떨어진
뻐꾹탄이 폭발하기는커녕 첨벙소리도 내지 않는다

뻐꾹 뻐꾹 뻐꾹 뻐꾹 뻐꾹 뻐꾹

지금
뻐꾹새,
뻐꾹새가 쏘아올린
뻐꾹탄인
뻐꾹새 울음소리는 목표 지점이 어디일까

뻐꾹 뻐꾹 뻐꾹 뻐꾹 뻐꾹 뻐꾹

뻐꾹새,
뻐꾹새가 쏘아올린
뻐꾹탄인
뻐꾹새 울음소리가 불발탄이 되기도 한다

뻐꾹새 울음소리

뻐꾹 뻐꾹 뻐꾹 뻐꾹 뻐꾹 뻐꾹

어젯밤 야간전투에 능한
소쩍새가 쏘아올린
소쩍탄으로 부족했던지
뻐꾹새가 뻐꾹탄을 쏘아올리고 있다

뻐꾹 뻐꾹 뻐꾹 뻐꾹 뻐꾹 뻐꾹

뻐꾹새가 쏘아올린 뻐꾹탄이
목표 지점에 도달하기도 하고
목표 지점에 도달하지 못하기도 하고
목표지점을 넘기도 할 것이다

뻐꾹 뻐꾹 뻐꾹 뻐꾹 뻐꾹 뻐꾹

뻐꾹탄, 뻐꾹탄이
심지어
내 가슴에 떨어지기도 한다

뻐꾹 뻐꾹 뻐꾹 뻐꾹 뻐꾹 뻐꾹

포탄, 포탄이 떨어진 지역은
작살이 나는데
뻐꾹탄, 뻐꾹탄이 떨어진 내 가슴이
작살이 나지 않는 것 보면
뻐꾹탄은 희귀하다

뻐꾹 뻐꾹 뻐꾹 뻐꾹 뻐꾹 뻐꾹

뻐꾹새,
뻐꾹새가 쏘아올린 뻐꾹탄이
언제나 동이 날라나

뻐꾹 뻐꾹 뻐꾹 뻐꾹 뻐꾹 뻐꾹

어젯밤 야간전투에 능한
소쩍새가 쏘아올린
소쩍탄으로 부족했던지
뻐꾹새가 뻐꾹탄을 쏘아올리고 있다,
계속

들길에서
 - 5월

뻐꾹 뻐꾹 뻐꾹 뻐꾹 뻐꾹 뻐꾹

들길에서
찔레꽃에 반해
코를 킁킁거리는데
먼산에서 뻐꾹새가 운다

뻐꾹 뻐꾹 뻐꾹 뻐꾹 뻐꾹 뻐꾹

내가
찔레꽃하면
뻐꾹새 울음소리가 저절로 따라나온다

뻐꾹 뻐꾹 뻐꾹 뻐꾹 뻐꾹 뻐꾹

내가
뻐꾹새 울음소리하면
쟁기질하는 소가 저절로 얼굴 내민다

뻐꾹 뻐꾹 뻐꾹 뻐꾹 뻐꾹 뻐꾹

지금은
쟁기질하던 소들은 다 어디로 가고
노타리치는 트랙터 소음에
먼산의 뻐꾹새 울음소리마저 시원찮다

뻐꾹 뻐꾹 뻐꾹 뻐꾹 뻐꾹 뻐꾹

들길에서
찔레꽃에 꽂혀
코를 킁킁거리는데
먼산에서 뻐꾹새가 운다

뻐꾹새 울음소리
- 화방사에서

뻐꾹 뻐꾹 뻐꾹 뻐꾹 뻐꾹 뻐꾹

누구는
뻐꾹새 울음소리에
천불, 천불, 천불이 묻어 있다 하고

뻐꾹 뻐꾹 뻐꾹 뻐꾹 뻐꾹 뻐꾹

누구는
뻐꾹새 울음소리에
화방, 화방, 화방이 묻어 있다 하고

뻐꾹 뻐꾹 뻐꾹 뻐꾹 뻐꾹 뻐꾹

나는
뻐꾹새 울음소리에
천불도 묻어 있고
화방도 묻어 있다 하고

뻐꾹새 울음소리와 찔레꽃 향기

뻐꾹새 울음소리가 찔레꽃을 가만두지 않는다

찔레꽃 향기가 뻐꾹새를 가만두지 않는다

서로 가만두지 않는다

누가 먼저 가만두지 않았을까

개구리 울음소리

소쩍 소쩍 소쩍 소쩍 소쩍 소쩍

뻐꾹새 울음소리에는
별 반응을 보이지 않은
개구리가
소쩍새 울음소리엔 반응을 보인다

개골개골개골개골개골개골

소쩍 소쩍 소쩍 소쩍 소쩍 소쩍

소쩍새 울음소리에
박자를 맞추지 못한다,
죽어도

개골개골개골개골개골개골

소쩍 소쩍 소쩍 소쩍 소쩍 소쩍

개구리 올챙이적 모른다는 말을 낳은
개구리는

음치가 맞다

개골개골개골개골개골

저 새가 누구인지 말할 수 있는 자는 누구인가

울음소리가
초라니인
저 새가 누구인지
말할 수 있는 자는 누구인가

초라니인
저 새의 울음소리에 비하면
소쩍새 울음소리는
뻐꾹새 울음소리는 그야말로 양반인 걸

소쩍새 울음소리에
뻐꾹새 울음소리에
기죽을 것 같은데
기죽지 않고
주야로 떠들고 다니는 걸 보면
희한하다

이상한 소리를 내고 다니는
저 새가
지금 무슨 좋은 소식을 전하고 다니는지
지금 무슨 소문을 퍼뜨리고 다니는지

궁금하다

애완견이
짖는 것 같은
저 소리의 주인공이 누구인지
말할 수 있는 자는 누구인가

소쩍새와 뻐꾹새

밤에
소쩍새가 쏘아올린 소쩍탄이
더 멀리 날아가나

낮에
뻐꾹새가 쏘아올린 뻐꾹탄이
더 멀리 날아가나

소쩍탄과
뻐꾹탄의
사거리가 얼마나 되는지 알고 싶다

4부

큰 꽃들이 물러난 자리에

목련꽃이 물러난 자리에
뭐가 얼굴 내미나

모란이 물러난 자리에
뭐가 얼굴 내미나

태산목꽃이 물러난 자리에
뭐가 얼굴 내미나

수국이 물러난 자리에
뭐가 얼굴 내미나

큰꽃들이 물러난 자리에
얼굴 내민 것들은
별 볼 일 있나,
별 볼 일 없나

작은 꽃들이 물러난 자리에

살구꽃 물러난 자리에
살구

앵두꽃 물러난 자리에
앵두

자두꽃 물러난 자리에
자두

복사꽃 물러난 자리에
복숭아

배꽃 물러난 자리에
배

사과꽃 물러난 자리에
사과

감꽃 물러난 자리에
감

작은 꽃들이
끝까지 버티지 않는 이유를
알겠네

나무들

나무들이
우두커니 서 있는 것 같아도
그렇지 않다

허공에
장애물.
장애물을 만나면
나름대로
대책을 세운다

이리 갈까,
저리 갈까
차라리 돌아갈까

허공,
허공은
이정표 없는 삼거리다

땅 밑은
삼거리 아닌
오거리,

칠거리일 수도 있다

나무들이
우두커니 서 있는 것 같아도
그렇지 않다

이팝나무는 쿠쿠압력밥솥이다

이팝나무는
뚜껑 없는
쿠쿠압력밥솥이다

밥이 다 됐다고
뻐꾹새가 운다

밥이
무르지도
설익지도 않았다

꼬드밥,
꼬드밥 같다

군침,
군침이 돈다

맨손으로
한 주먹 집어먹고 싶다

이팝나무는

뚜껑 없는
쿠쿠압력밥솥이다

찔레꽃과 밤꽃

찔레꽃은
밤꽃이 얼굴 내밀기 전에
얼굴 내밀고

밤꽃은
찔레꽃이 물러난 뒤에
얼굴 내밀고

서로
만나지 않으려고 한 듯이가
맞나

서로
약속이나 한 듯이가
맞나

근데
찔레꽃과
밤꽃이
같이 얼굴 내밀지 않은 게
다행인가,
불행인가

찔레꽃과 밤꽃이 시기를 달리하여 얼굴 내미는 이유는

찔레꽃과 밤꽃이 시기를 달리하여 얼굴 내미는 이유는
뻐꾹새,
뻐꾹새의 입장을
난처하게 하지 않기 위해서다

뻐꾹새를 두고
찔레꽃과 밤꽃이
서로 시기하거나 모함하지 않도록 하기 위해서다

삐비꽃

뻐꾹 뻐꾹 뻐꾹 뻐꾹 뻐꾹 뻐꾹

삐비꽃 속에
누워 계시던 할머니가
벌떡 일어나 걸어나오신다

뻐꾹 뻐꾹 뻐꾹 뻐꾹 뻐꾹 뻐꾹

삐비꽃 속에
누워 계시던 할머니가
뻐꾹새가 쏘아올린 뻐꾹탄에
정신이 바짝 든 것이다

뻐꾹 뻐꾹 뻐꾹 뻐꾹 뻐꾹 뻐꾹

뻐꾹탄에도 불구하고
겁 없는 할머니가
마실 다니듯
이곳, 저곳, 그곳을 둘러보실 것이다

뻐꾹 뻐꾹 뻐꾹 뻐꾹 뻐꾹 뻐꾹

이곳, 저곳, 그곳을 뉘나게 둘러보시다가
삐비꽃 속으로
다시 들어가실 것이다

뻐꾹 뻐꾹 뻐꾹 뻐꾹 뻐꾹 뻐꾹

빈손으로 들어가시진 않을 것이다,
그냥

뻐꾹 뻐꾹 뻐꾹 뻐꾹 뻐꾹 뻐꾹

할머니가
이마에 손을 얹고
먼산을 바라보신다

삐비꽃

찔레꽃이 사라진 뒤에
뻐꾹새 울음소리가
삐비꽃을 가만두지 않는다

삐비꽃,
삐비꽃이
뻐꾹새 울음소리를 마다할 리가 없다

삐비꽃이
찔레꽃 못지않게
뻐꾹새 울음소리와 가까이 지낸다

찔레꽃이
사라져
뻐꾹새가 힘이 파일 줄 알았는데

뻐꾹새 울음소리를 받아내는
삐비꽃이
뻐꾹새에게 힘이 된다

삐비꽃,
삐비꽃은
저물녘에 빛을 발휘한다

등꽃과 칡꽃

등나무 줄기는
예외없이
오른쪽으로만
감아 올라가나

사람은
왼손잡이
오른손잡이
양손잡이 다 있는데

칡꽃 줄기는
예외없이
왼쪽으로만
감아 올라가나

사람은
왼손잡이
오른손잡이
양손잡이 다 있는데

싸리꽃

싸리꽃, 싸리꽃을 보면
언제나
마음의 엄지와 집게 두 손가락으로
조인다

싸리꽃, 싸리꽃을 볼 때마다
조인다

이웃들에게
내가 타고난 노름꾼이다는
오해를 살까 무섭다

누구에게도
싸리꽃, 싸리꽃을 보면
마음의 엄지와 집게 두 손가락으로
조인다는
말을 뱉어서는 안 된다

내가 뱉지 않아도
싸리꽃이
누군가에게

내가 만날 자기만 보면
엄지와 집게 두 손가락으로
조인다고 소문을 낼 수도 있다

싸리꽃, 싸리꽃을 생각만 해도
마음의 엄지와 집게 두 손가락이
가만있지를 않는다

달맞이꽃

지금
달맞이꽃이
달을 맞이한 게 아니라
먼 걸음을 한 길인
나를 맞이하고 있으니
나맞이꽃으로
개명해야 되는 게 아닌가

달맞이꽃만
나를 맞이하는 게 아니라
꽃이란 꽃은 다
나를 맞이하기에
달맞이꽃만
나맞이꽃이라 할 수 없는가

달맞이꽃이
나만 맞이하는 게 아니라
먼 걸음을 한 길이든
가까운 걸음을 한 길이든
찾아온 길들은
다 맞이하기에
나맞이꽃이라 할 수 없는가

낮달맞이꽃

그대가
낮달에게 위안이 되나

낮달이
그대에게 위안이 되나

서로
위안이 되나

금계국
 - 6월

코스모스가 누린
지위를
금계국이 누리고 있다

금계국이
코스모스를 밀어낸 게 아니고
코스모스가 어디론가 가서는
돌아오지 않는다는 게
나의 생각이다

금계국이
코스모스를 밀어냈는지
코스모스가
제 발로 어디론가 가서
돌아오지 않는지
나 이외에
누가 또 관심을 가질까

금계국이 있던 자린
코스모스가 있던 자리인 게
분명한데

그 많던 코스모스는 다 어디로 갔는가

코스모스가 누린
지위를
금계국이 누리고 있다

개망초

6·25한국전쟁이
그대를
이 땅에 발붙이게 했다지

6·25한국전쟁이 아니었으면
네가
이 땅에 발붙이지 못했으리란
생각을
접어야 하나,
접지 말아야 하나

6·25한국전쟁이 아니어도
네가
이 땅에 발붙일 수 있는
기회는 많았을 테니
미안한 감정을 가질 필요는 없지

이 땅에 발붙인 지
두 세대도 더 지났으니
이제는 대대로
이 땅에 살아온 거나 다름없는 걸

6·25한국전쟁이

그대를

이 땅에 발붙이게 한 건 사실이지

밤꽃
- 6월

뻐꾹 뻐꾹 뻐꾹 뻐꾹 뻐꾹 뻐꾹

뻐꾹새가 불러낸 것이다

뻐꾹 뻐꾹 뻐꾹 뻐꾹 뻐꾹 뻐꾹

못 들은 척하고 있다가
뒤늦게 얼굴 내민 것이다

뻐꾹 뻐꾹 뻐꾹 뻐꾹 뻐꾹 뻐꾹

토실토실한 밤 열매가 맺는 데
뻐꾹새가 기여하고도 그냥 떠나는 것이다

뻐꾹 뻐꾹 뻐꾹 뻐꾹 뻐꾹 뻐꾹

뻐꾹새가 뭘 바라고 불러낸 게 아니다

뻐꾹 뻐꾹 뻐꾹 뻐꾹 뻐꾹 뻐꾹

너무 늦게 얼굴 내밀어

면목이 없을 것 같아도
그렇지 않다

뻐꾹 뻐꾹 뻐꾹 뻐꾹 뻐꾹 뻐꾹

해마다
늦게 얼굴 내미는 걸 보면

뻐꾹 뻐꾹 뻐꾹 뻐꾹 뻐꾹 뻐꾹

더 늦게 얼굴 내민 꽃이 수두룩한 걸 보면
늦은 것도 아니다

뻐꾹새와 밤꽃

뻐꾹 뻐꾹 뻐꾹 뻐꾹 뻐꾹 뻐꾹

이산 저산에
얼굴 내민 누룽지빛은
밤꽃

뻐꾹 뻐꾹 뻐꾹 뻐꾹 뻐꾹 뻐꾹

뻐꾹새 울음소리를
너무도 잘 받아내는
밤꽃

뻐꾹 뻐꾹 뻐꾹 뻐꾹 뻐꾹 뻐꾹

뻐꾹새 울음소리의
발원지를 찾아가는
밤꽃 향기

뻐꾹 뻐꾹 뻐꾹……

밤꽃 향기에

잠시 나가떨어진
뻐꾹새

뻐꾹 뻐꾹 뻐꾹 뻐꾹 뻐꾹 뻐꾹

정신을 차리고
다시 울음을 토하는
뻐꾹새

백장미

나와 마주친
백장미 여러 송이 중에서
한 송이가
얼굴을 붉힌다

나에게 딴 맘을 먹은 것이다

수국

1

꿀단지에
작은 나비들이 날아와 붙들렸다고
詩로 쓴 적이 있다

그때나
지금이나
내 생각이 변함이 없다

2

불두화보다
더 불두화 같다

변절,
변절과 거리가 멀다

몸이
시중에 따른 것이다

삐비

억새가
부럽지 않겠다

갈대가
부럽지 않겠다

억새가
갈대가
부럽지 않다는
눈빛을
나에게 보낸 적은 없다,
물론

억새,
갈대 못지않게
제 몸뚱일 흔들어
바람을 만든다

저것 봐,
바람에 몸을 싣고
드나드는

삐비의 영혼을

누구도 몰래
세상 구경하고 다닌다

물과별 시선 4

슬픔으로 허기를 달래다

1판 1쇄 인쇄일 | 2023년 7월 5일
1판 1쇄 발행일 | 2023년 7월 10일

지은이   김재석
펴낸이   신정희
펴낸곳   사의재
출판등록   2015년 11월 9일 제2015-000011호
주소   전라남도 목포시 보리마당로 22번길 6
전화   010-2108-6562
이메일   dambak7@hanmail.net
© 김재석, 2023

ISBN 979-11-6716-082-9 03810

지은이와 출판사의 동의 없이 이 책의 내용 중 전체 또는 일부를 인용하거나 발췌하는 것을 금합니다.

값 10,000원